AF349367

DE LA JAULA AL VERSO

ISABEL JIMÉNEZ RODRÍGUEZ

DE LA JAULA AL VERSO

EXLIBRIC

ANTEQUERA 2022

ISABEL JIMÉNEZ RODRÍGUEZ

DE LA JAULA AL VERSO

*No deseo que las mujeres tengan poder
sobre los hombres, sino sobre sí mismas.*
Mary Wollstonecraft

Índice

Nota de la autora 17

Prólogo 19

I. HERIDA 21

Anónima 23

Carmín 24

Cuarenta y cuatro 25

Distimia 26

Dolor 27

Eva 28

Evaporada 30

Fantasma 31

Hipodamia 32

Llegará 33

Lobos 34

Mil ciento veinticinco 35

Morfeo 36

Pasado 37

Quimera 38

Soy 39

Sueños 40

Volver a casa 41

II. ESPERANZA 43

Ariadna 45

Calima y bruma 46

Ellos 47

Huellas 48

La espera de Penélope 49

Melancolía 50

Misterio 51

Noctámbula 52

No moriré del todo 53

Poeta en jaula..54

Reencarnada memoria 55

Reflexión 56

Soledad...57

Sororidad..58

Todopoderosa 59

Y al final...60

III. AMOR..61

Abrázame, bésame, ámame 63

Amores de cuarentena I 64

Amores de cuarentena II 65

Autobiografía...66

Besarte..67

Buscándome 68

Ítaca...69

Miedo de a(mar) 70

Olimpo..71

Salida..72

Sed 73

Sueños..74

Tiempo 75

Terapia 76

Te quiero 77

Verso 78

Yo, conmigo 79

Agradecimientos 80

Nota de la autora

Se ha de tener en cuenta que la autora ha dividido este poemario en tres partes: Herida, Esperanza y Amor. Se pretende que la lectora recorra, a la vez que lo hacen los dedos al pasar cada página, una historia cuyo principio se encuentra en la violencia y, por ende, en el dolor que sufre una mujer, la cual puede encontrarse en cualquier país de la Tierra, y cuyas experiencias pueden verse reflejadas en cada una de nosotras, y que culmina en el amor que siente en cada poro de su piel, tanto para sí misma como para otra mujer, tras un largo viaje transitado por el camino de la esperanza.

Así, la lectora sea consciente de que tiene en sus manos una serie de poemas que, a pesar de estar divididos, conforman un mismo hilo poético.

Disfruten de la poesía.

Prólogo

Si tuviera que introduciros en la poética de Isabel Jiménez, lectores, yo escribiría: *De la jaula al verso o entender el dolor para poder atravesarlo.*

Para disfrutar de este libro, tendréis que deteneros en cada poema, ya que son amplias las referencias clásicas y mitológicas que la autora usa como marco, en muchas ocasiones, para contarnos su historia. Los personajes se hacen tan necesarios que no podremos dejar de investigar sobre ellos.

La buena literatura, lectores, la literatura de calidad, es aquella que nos detiene, que nos hace volver para reflexionar, y este libro —su primer libro de poemas— no se lee en una noche. ¿Quiénes de nosotros, pusilánimes hijos de la tierra, se atrevería sin descanso a nadar en un duelo que parece perpetuo? ¿Quién, sin ser un macabro esqueleto, se atrevería a danzar sobre la cicatriz? ¿Quién sabe formular el deseo perfecto que detenga el sufrimiento?

La lectura de *De la jaula al verso* es lenta y ventajosa, y tiene un orden lógico. No es, por tanto, una colección de poemas, sino un libro que es una entidad en sí mismo. La obra encuentra su sentido cuando leemos el libro completo, aunque los poemas pueden leerse de manera aislada, sin que esto afecte en absoluto a la comprensión total del libro. Está dividido en tres partes —Herida, Esperanza y Amor— y sigue, al fin, un modelo de escritura confesional, una reconciliación con el yo que parece buscar la identificación universal en torno a los temas humanos: la violencia, el amor, el dolor, el miedo.

El estilo de Isabel Jiménez oscila entre lo lírico y lo social. Hay poemas que recrean un cuadro de injusticias; en otros reproduce el ideal de estética al más puro estilo modernista y en otros nos ha traído la tradición simbolista para devolvernos lo oculto, la esencia agazapada tras la apariencia: lo real en contraposición a la realidad.

La revolución de esta autora —además del autoconocimiento— es la de expresar la ternura al mundo; declara que un sentimiento, a todas luces privado, puede cambiar la forma de relacionarnos como seres humanos al ser manifestado públicamente, igualándonos a todos y a todas en un ritmo sonoro definido.

Visualicen, lectores, la fuerza cómplice de la naturaleza entre sus manos, porque con ella van a entrar en la jaula de Isabel Jiménez. Aquí dentro el amor está permitido.

Emma Roma,
poeta y librera

I. HERIDA

ANÓNIMA

En la mayor parte de la historia, Anónimo fue una mujer.
Virginia Woolf

La sombra de una mujer se adentra
en una habitación con vistas a la ciudad.
Sube lentamente la mirada:
a mano derecha la cuna del bebé,
a mano izquierda un poema a medio hacer.
Estrépito sonido se cuela
por los rincones de cada pared
—escribe, escribe, escribe—.
Anónima toma al niño y le da el pecho
—lo deja preparado para el hombre—.
A la par que el búho canta
y el bebé llora,
y otro paga,
la mujer solo traga.

Amanece y la mujer-poema
no tiene voz,
letras,
ni nombre.

CARMÍN

Un perpetuo silencio,
poder en sus muñecas,
solo una gota de sangre
y seré sombra desgarrada.

Las huellas de la bestia en la sábana,
olor a arrebol carmín granate escarlata,
un ánima hacia la lumbre marcha,
dejadme despertar de esta vida,

dejadme ir al infierno con mis hermanas.

CUARENTA Y CUATRO

Entrega a Ifigenia[1] a su bárbaro hado.
Clitemnestra[2] llora desconsoladamente
con lágrimas de espartana, mas silenciosa.
Ifigenia es sumisa a la orden del hombre.

Los griegos están a salvo,
ganarán la batalla.
Dejan a una madre sin su hija,
a una hija sin el amor de un padre.

Homero[3] ya no vive,
pero los descendientes de Agamenón[4]
siguen matando a sus hijas,
siguen matando a las madres.

---

[1]   Ifigenia: hija del rey Agamenón y de la reina Clitemnestra. Los griegos pudieron navegar hacia Troya en busca de Helena gracias a su sacrificio.

[2]   Clitemnestra: reina de Micenas, esposa de Agamenón y hermana de Helena. Presenció el sacrificio de su hija Ifigenia sin poder revocar la decisión de Agamenón.

[3]   Homero: se le atribuye la autoría de la *Ilíada* y la *Odisea*, allá por el siglo VIII a. C.

[4]   Agamenón: rey de Micenas, hermano de Menelao. Sacrifica a su propia hija para poder partir hacia Troya.

DISTIMIA

Muero de un pensamiento mudo como una herida...
Delmira Agustini

Sobre sus hombros,
un peso que no se esfuma.
Un material sólido y pesado
habita en las llanuras de su dolor.
Se ha construido su casa allí,
con la puerta bien cerrada
y una manta hecha de piel humana.
El frío no se quiere mudar.
Se encoge como un recién nacido,
como un bebé al que han de cuidar.
Busca con sus manos el calor
y solo halla una lágrima.
Tan solo una lágrima
en la mejilla izquierda.
Sobre sus hombros,
una vida entera.
Como cada noche duerme.
No espera amanecer de nuevo.

DOLOR

El dolor es una niña
a la que le extirpan el clítoris.
El dolor es una chica
a la que casan a los trece años con uno de cincuenta.
El dolor es una madre
que pare hijos fruto de continuas violaciones.
El dolor es una anciana
que cuenta más de veinte moratones al día.

El dolor es una muerte condenada a la vida.

EVA

En mitad del conticinio
despierta de su sueño de siempre
y pone su mano en un lado del pecho,
justo donde habita el corazón.

En la otra punta de la ciudad
la sombra de un hombre se cierne
sobre una mujer desnuda, inconsciente.
Abandona la sala,
pero deja sus huellas en la carne.
Las estrellas desaparecen del firmamento
y la mujer alza la vista.
Mira la hora —para siempre será tarde—.
Su cuerpo lleva reloj perpetuo,
en su coraza las doce y cuarto.

El hombre enciende la televisión.
Se denuncia una violación cada 4 horas
La apaga. Toma su móvil. Entra en Tinder.
Piensa «hoy en día no se puede hacer nada,
la de anoche era una borracha,
la de la semana pasada me invitó a cenar,
mi esposa me dijo que sí a todo en el altar».

Ellas encienden la televisión.
Se denuncia una violación cada 4 horas.
La apagan. Tiemblan. Respiran.
Piensan «yo no denuncié,
mi hermana no denunció,
mi amiga no denunció,
mi vecina no denunció».

Adán solo comete pecados a ojos de una *femme fatale*,
para el juez Eva es la loca por comerse sola la manzana.

EVAPORADA

Temía ser olvidada.
Ir a dar al mar, que es el morir,
sola.
Presentía que después de su funeral,
nadie se sentaría frente a su tumba
y le leería versos de Alfonsina.

Vivir en una soledad infinita es soportable.
La esperanza es un vaso medio lleno.
La poeta vive   en el vacío.

Solo mueren
los que no se recuerdan,
los que no se nombran.

Nadie supo nada de ella.
Fue tan solo
agua evaporada.

FANTASMA

La mujer se esconde en la cama.
No sale esta noche,
es llamada.
El monte se abre y en la habitación
llueve.

Pasos de madrugada que impiden
oír el silencio de un alma que vaga.
La mujer sueña un poema sin título
y lo dedica a su vieja niña, la de las afueras.

El exterior se inunda de sabores invierno
y el fantasma regresa a la cueva,
regresa a la escalada y a las alturas.
Se cansa de las gotas y para.

La mujer se esconde en la cama.
No sale esta noche,
es llamada.

HIPODAMIA[5]

Discuten entre sí como leones
acechando un trozo de carne.

Callada, sumisa, silenciada.
Pura, virgen, casta.
Troyanas, atenienses, espartanas.

En una esquina el animal,
en la otra su presa.

Son miles de historias,
son miles de mujeres devoradas.

---

[5] Hipodamia: comúnmente llamada Briseida, hija de Brises. Cuando Aquiles toma su ciudad durante la guerra de Troya, toma también a esta como botín de guerra.

LLEGARÁ

Miles de almas a mi alrededor
celosas se sentían de mi suspirar.
No soy consciente de que algún día
yo también en el mundo ocuparé mi lugar.
Siento temor de los fantasmas,
del ruido de la noche, de las tenebrosas
sombras del olvido, de la muerte.
Polvo soy y polvo seré. Un día mis cenizas
no tendrán ni epitafio, ni hogar,
ni nombre.
Aquellos que me quisieron en vida
quizás olviden mi lucha cuando esté
con la Muerte.

LOBOS

Me quieres de espuma,
me quieres de nácar.
Que sea azucena
Sobre todas, casta
Alfonsina Storni

Los lobos corren en manada.
Primero piden para llevar vivácea flor
¡que sea pura, que no se haya tocado nunca!
Después toman cada pétalo y la deshojan,
¡la flor nunca quiso ser arrancada!
Ahora,
y para siempre,
es tan solo rosa mancillada.
Ningún lobo, ningún animal la querrá,
es su destino vivir a la sombra
del mal llamado del mundo general.

MIL CIENTO VEINTICINCO

La sutileza de unas manos
forma en tus labios un símbolo
de amor profundo, mas odio amargo.
Emerge tierna y frágil
la lúgubre selva presidiendo
una rosa roja, una flor sangrada.
Vuela una mariposa,
tu pecho como destino.
Se tiñe violeta sobre tu cuello
y sobre tus clavículas, y sobre tu pelo,
y sobre tus senos, y sobre tu coraza.

En su cabeza esto es tan solo
otra inevitable matanza.

MORFEO[6]

La vida me atropella las entrañas.
Me corrompe los sueños,
me ata con su mirada.
La vida me suplica que pare,
mas no halla la manera
de poder controlarme.
La vida se me escapa en instantes.
Mientras lees este verso,
lloro en la noche.
La vida se me muere
como la esperanza en los domingos.
La vida vuelve y regresa
con su guadaña a las espaldas.
No quiero dormir. No.
La vida, Morfeo eterno;
la muerte, el despertar.

---

[6]   Morfeo: hijo de Hipnos y Nix, es el dios griego de los sueños.

PASADO

Se abre entre tu púrpura y lejana piel
como hace la gran estrella con el cielo
y se apoya en tus raíces, sostén del cuerpo.
Te narra su historia, lo que fue de niña
y lo que de adulta es,
tan solo una sombra sin destino.

QUIMERA

Es la perdida quimera
lo que desata el ente vacío.
Un arder inevitable llama
oscuridad que es nombrada olvido.
Alud de centellas, piel de crepúsculo
yace en el lecho, nostalgia de un yo perenne.
Firme pecho, vigorosas manos
sostienen curvos dedos.
Del sosiego sueño despierto,
su cuerpo en calma,
mi cuerpo   d e s h e c h o.

SOY

Solo soy espuma hundida entre las aguas,
barco hundido, doloroso naufragio.
No me lleves, querida Selene[7], del mar,
abrigo del corazón, techo del alma.
Alimentaos de mí, funestas olas,
bañadme en secreto en vuestras caracolas.
Quiero oír el silencio.

---

[7] Selene: hija de los titanes Hiperión y Tea, es la titánide que representa la luna.

SUEÑOS

Una mujer, para que se la reconozca
como escritora, pintora, investigadora o lo que sea,
tiene que hacer veinte veces más que un hombre,
tiene que ser una fuera de serie. […]
Gloria Fuertes

¿Por qué no puedo ser poeta?
Cantar la palabra pronunciada,
llorar en el sigiloso silencio.
Besar la pluma del ave,
abrir su temerosa ventana.

¿Por qué no puedo ser poeta?
Si mis labios versos recitan,
¡qué importa que mujer yo sea!
¿Por qué no puedo ser poeta?

VOLVER A CASA

Enciendes la televisión.
«Desaparecida desde hace 10 días», escuchas.
Tú también piensas que no volverá,
porque las chicas no vuelven a casa,
porque los chicos hacen que no vuelvan a casa.
Sabes que en algún momento —o no— su cuerpo
inerte, violentado y violado aparecerá.
Y tú seguirás sentada en el sofá.
Y la noticia durará cinco minutos.
Pasarán a los partidos de fútbol —masculino—
que gustan más que el conocimiento
de la violencia perpetua, infinita
de la que rezas para que no te lleve a ti.
Pero quizás mañana tú no vuelvas a sentarte en el sofá.
Quizás mañana tú también saldrás en las noticias.
Y otra persona en la otra punta del país
apagará la televisión.

Apagará, impotente, como ya hiciste tú,
tu nombre y el de tantas otras
que no son solo un número,
que no son una vana estadística.
Somos mujeres presas
en la jaula del patriarcado.
Tal vez algún día,
cuando yo ya no esté,

volemos libres.
Desde el cementerio
también se nos oirá gritar.

II. ESPERANZA

ARIADNA[8]

Pero me gusta retornar a mi lectura.
Leer vacuos, vanos, necios poemas
de cuando fui niña —si es que lo fui—.
Sentir de nuevo la punzada
al tejer con cuidado a mi amigo el verso.
¿Acaso no fue suficiente para mí
desentrañar los hilos deteriorados
y volverlos —y volverme— a construir como Ariadna?

Si bajo la luz de la luna regreso al laberinto de la niñez,
quizás es que dejé una parte de mí por escribir.

---

[8]   Ariadna: princesa de Creta, hija del rey Minos y de Pasífae. Enamorada profundamente, ayuda a Teseo a salir del laberinto recordando el camino gracias a un ovillo de hilo, tras matar al hermanastro de la misma, el temido Minotauro. Después, escapa con Teseo y este la abandona en una isla. Se casa, finalmente, con Dioniso. Esta es solo una de muchas versiones.

CALIMA Y BRUMA

Las nubes suspiran y gimen
mientras la bóveda escucha atenta
el trinar de los pájaros.
Quizás se sienten prisioneros del viento,
cuales mujeres en el transcurso de sus años.
Contemplan toda la ciudad desde lo alto.
Ven la violencia,
ven el continuo detrimento.
Solo si se acercan mucho a la superficie,
logran distinguir el amor
de entre la calima y la bruma.

El destino del universo no es morir.

ELLOS

Me piden silencio.
A mí, que llevo el grito por bandera,
que nací llorando porque intuía
la tormenta en mis venas.

HUELLAS

Por el sendero de mis días
los pasos dejaron huella en mí.
Me arrastraron los pies, temerosos,
hacia una transparente existencia.
Los cordones, desatados,
desgastados, los zapatos,
quise poseer todo el horizonte
entre los dedos de las manos.
No presentía cómo se acercaba el futuro,
era tan solo una zancada, la nada;
quizás, para una niña, lo era todo.

LA ESPERA DE PENÉLOPE[9]

Yo, que tejí la tela sedosa de nuestros besos,
¿vendrás, héroe, a deshilar el féretro de mi cuerpo?

---

[9] Penélope: hija del rey Ícaro de Esparta y de la náyade Peribea. Espera durante veinte largos años el regreso de su esposo Odiseo de la guerra de Troya. Muchos en este tiempo la pretendieron. Ella, fiel, promete contraer matrimonio con alguno de estos tras tejer el sudario para el antiguo rey de Ítaca, Laertes, el padre de Odiseo. Para que esto no sucediera, cada noche deshacía lo que había tejido durante el día.

MELANCOLÍA

El viento le susurra un recuerdo atado
al viaje que realizó hace mucho,
mucho tiempo. Le recorre la piel la melancolía,
la nostalgia del saberse niña
en tierra de adultos.

Tiernas gotas con sabor a mar se escapan
del oscuro iris que heredó de mamá.
Finos ríos cargados de tormentas
entran y salen por el rostro desierto de emociones.

Le hipnotizó el dolor, la pena, el lamento
de haber sido mujer en el odio del mundo.
Besa los labios que olvidaron cómo amar,
esperando que algún día esa pequeña
olvide la verdad.

MISTERIO 51

Creció intentando entender el misterio del amor
como quien vive escondido
en un infinito interrogante.

NOCTÁMBULA

En vela durante madrugadas mi mente
no encuentra reposo alguno.
Llego hasta el fino tejido del lienzo
para comprobar que vivo. De nuevo.
¿Estoy a salvo? ¿Respiro?
Me falta el aire en los pulmones,
contemplo un reloj que no avanza,
—el tictac compite con mis latidos—.
No puedo respirar, la vida me ahoga.
Me levanto del lecho y pinto.
Abro la puerta. Un gato me observa a lo lejos.
Huyo y no quiero llaves,
solo cerrojos.

NO MORIRÉ DEL TODO

No moriré del todo,
porque cuando muera, mis versos
continuarán el viaje que enterré por dentro.

No moriré del todo,
porque cuando lo decidan las Moiras[10],
resurgirá mi alma más allá del cementerio.

No moriré del todo,
porque cuando muera, mi cuerpo
será libre de su alma y de su vuelo.

---

[10] Moiras: repartidoras del Destino en la mitología griega, son tres: Cloto, Láquesis y Átropo. Sostenían la rueca, repartían la suerte y cortaban los hilos, respectivamente.

Poeta en jaula

Quiero ser poeta.
Quiero caminar de la mano de la Vida.
Quiero caminar de la mano de la Muerte,
avanzar sin un rumbo fijo,
—quererme—.
Y volar, volar y volar.
Quiero que mis versos sean poesía.
Quiero caminar de la mano de la Vida.
Quiero caminar de la mano de la Muerte,
rimar amores en el fondo del pecho,
—quererte—.
Y volar, volar y volar.

—la poeta, ¡un pájaro!,
el vuelo, ¡su poesía!—.

Reencarnada memoria

La flecha lanzada por Vita,
agujero oscuro del alma,
prisión de una niña,
son sentencias que vienen contigo.
Eres tú la rotura, no hay cura posible.
Eres el perdido Minotauro[11],
el telar deshecho de Penélope,
el infierno que abre las puertas a Perséfone[12],
recuerdo de un ser que divagó
entre las fieras de la existencia.

Pero finalmente verás a tus ancestros,
ángeles del cielo, protectores de la infancia,
como hizo Eneas[13] al descender,
solo así entenderás
que el vivir también eras tú,
reencarnada memoria.

---

[11] Minotauro: hijo de Pasífae y de un toro, fue encerrado en un laberinto construido por Dédalo, debido a los muchos estragos que causaba.

[12] Perséfone: hija de Zeus y de Deméter. Reina del inframundo al haber sido raptada por Hades, dejando a su madre, diosa griega de la agricultura, completamente desolada. Finalmente, pactan entre ambos que Perséfone regrese con Deméter cada seis meses.

[13] Eneas: héroe de la guerra de Troya y personaje principal del poema épico, *Eneida*, de Virgilio. En su viaje hasta el Lacio, huyendo de Troya, vive continuas aventuras. En una de ellas, desciende al inframundo para visitar a su padre Anquises.

REFLEXIÓN

Me aflige seguirle el ritmo a la existencia,
no arrancar del pecho del ayer el ansia,
apartar la mirada cuando camino descalza,
no inspirar el aire que la vida me arrebata.
Lamentar otra muerte en las noticias del día,
no poder vengar el árbol ni conocer sus hojas,
desprender la voz que me susurra «avanza»,
no saber si toda rima es verdad o simple poesía.

Soledad

Sus lágrimas gotean, transparentes,
hasta llegar al negro océano.

La luz, resplandeciente, la observa.
«Has cambiado», le dice la luna.
«Ya no te sumerges en la marea
buscando cuerpos vacíos.
Has saciado tu dolor,
has roto, de nuevo, tu ser en diecinueve mil pedazos».

Ventana abierta y corazón mojado,
su puntual compañera Soledad
saluda en la noche oscura.

Sororidad

No seré libre mientras exista una mujer que no sea libre,
incluso cuando sus cadenas son diferentes a las mías.
Audre Lorde

Brota del lecho de la violencia
una prímula que a la primavera
premura el paso.
Tendida bajo el melancólico llanto
de nuevo hacia la tierra se estira,
no alcanzando la luz que emana la vida.
Otra prímula despierta del sueño,
levanta pétalos violáceos en su auxilio,
abarca con su tallo las descosidas hojas
—el invierno las abandonó en su germinar—.
Llueve el dolor en sus yemas
enfrentándose unidas a la nieve,
al frío, a las tinieblas del recuerdo-olvido.

Una nueva estación comienza en la floresta.
Ya no habitan ramilletes nacidos del odio
—solo del finito mundo las salvó el Amor—.

TODOPODEROSA

Fue ella, todopoderosa,
la que mordió la manzana de la libertad;
hoy Adán teme a la mujer que tiene heridas en su boca.
Hoy Eva sabe que el Paraíso tiene una puerta violeta
por la que su hermana Lilith puede volver.

Y AL FINAL

La palabra, inequívoca violencia.
Se asemeja al vulnerable latir del corazón
lento, lento, lento,   *para.*

Se descomponen poco a poco.
Para ti no hay brújula, estás perdida.
Humor bermejo, no tienes a dónde ir.
Tu cuerpo tampoco.

Dentro jugaban a esconderse
tantas fracturas, tantos desgarros.
Ahora no ves lugar para la reparación.
Lo que la palabra destruye
se queda clavado como una bala,
para siempre
entre las sienes.

Así nos reconocemos ante el espejo.
Entendemos finalmente
que en el rostro de una vida
habrá siempre sombras,
líneas discontinuas.

III. AMOR

ABRÁZAME, BÉSAME, ÁMAME

Abrázame, bésame, ámame,
y que las grietas de la piel
se esfumen con el sonido de las campanas.

Quiéreme una vida entera,
para que al dormir en nuestros hijos
vea tu forma de soñar despierta.

Que al morir, tu huella y la mía
una sola sean, y que Caronte[14] con su barca
nos haga navegar de la mano, eternas.

---

14   Caronte: barquero de Hades, lleva al otro lado del río Aqueronte o Estigia,
según las fuentes, a cada difunto. Para ello, era necesario que el fallecido portara una
moneda de oro.

AMORES DE CUARENTENA I

Amores de cuarentena,
aquellos que separados,
bien por viento, bien por marea,
siguen luchando sin frenos
cuales carros tirados por Faetón[15],
pues dejan a manos del hado
que sus cuerpos pronto reúnan el camino
de permanecer enlazados,
sin temor a enredos del pasado.
Anhelan sus corazones reunirse
y proclamar al mundo entero que Eros[16]
su flecha lanzó una tarde a aquellas dos,
y que no hay dios que destruya,
ni siquiera el mismísimo Zeus[17],
el cariño y la pasión de dos almas
que juntas navegan en busca
de sus Ítacas[18] soñadas.

---

[15]   Faetón: hijo de Helios y Clímene, quiso conducir el carruaje de Helios, es decir, el mismísimo Sol, durante un día. Al perder el control de los caballos, provocó numerosas catástrofes, hasta que Zeus fulmina el carro, provocando la caída y posterior muerte del mismo.

[16]   Eros: denominado Cupido en la mitología romana, es el dios del amor, tanto en el sentido romántico como en el carnal.

[17]   Zeus: hijo de Cronos y Rea, es el dios de los dioses en la mitología griega. Tiene como atributos el rayo o el águila.

[18]   Ítaca: véase el poema *Ítaca* de Constantino Cavafis.

AMORES DE CUARENTENA II[19]

Amores de cuarentena,
aquellos que separados,
quizá por el viento, quizá por la marea,
siguen luchando sin frenos
cuales carros tirados por Faetón;
dejando, pues, a manos del hado
el hambre de dos cuerpos
que desean reunir sus caminos
permaneciendo enlazados,
sin el temor a enredos de un pasado.

Anhelan sus corazones acariciarse
y proclamar al mundo entero que Eros
la flecha lanzó una tarde a aquellas dos,
y que no hay dios que destruya,
ni siquiera el mismísimo Zeus,
el cariño y la pasión de dos almas
que juntas navegan en busca
de sus Ítacas soñadas.

---

[19] «Amores de cuarentena I» es el texto más antiguo del poemario. Ahora, sin embargo, la autora lo modificaría. De ello surge «Amores de cuarentena II».

Autobiografía

Me abro en verdades con la pluma
y escribo mi autobiografía en verso.
De título le pongo *Mujer,*
para que todas las que sufren por serlo
abracen a sus yo en mis letras.

Tomad las rimas como —eterno— salvavidas:
a mi niña interior liberó de sus cadenas,
de la sombra y del miedo una poeta.

BESARTE

Besarte es tocar el cielo con las manos.
Algo así como acariciar las estrellas,
alinear los planetas,
alcanzar el infinito universo de tus labios.

BUSCÁNDOME

Soy un poema
al que le faltan las palabras.
Soy un verso
que no rima.

Un capítulo que no acaba.

Soy la vida misma,
soy la misma muerte.

Soy, soy, soy.
Cuántos años buscándome.
Cuántos años siendo.

ÍTACA

Entre los versos que escribo
puedo divisar
una niña en el patio del colegio.
Aparenta menos años de los que tiene
y lleva unas gafas de vivos colores a juego
con las flores de su vestido preferido.
Le sorprende verme aquí,
con sus nueve años y mis diecinueve vidas.
Lo veo en sus ojos, no lo comprende.
Me acerco tímidamente
y abrazo su cuerpo,
abrazo nuestra alma.
Como Odiseo después de tantas tormentas,
llego finalmente a Ítaca.
Yo soy mi propia Penélope,
tejiendo paulatinamente el telar
del que sostengo todos y cada uno de mis años.

MIEDO DE A(MAR)

Hallé un rostro marchito en la lejanía del océano
y toqué sus olas con especial cuidado
—que no me rompa, que no me rompa—.
Espumas de dolor se adentraron en unos cuerpos
acostumbrados a la herida
—que no me rompa, que no me rompa—.
Mas el fuego incendiaba un bosque
con sabor a te quieros callados
por temor a la subida de la marea
—que no me rompa, que no me rompa—.
La playa se llenó de un azul,
de un azul más intenso que el agua
que bebí del vidrio malherido
—que no me rompa, que no me rompa—.
Y caminé lentamente por la orilla de su boca
y me rompió, y me rompió
las cadenas que me ataban
a amores reloj de arena.

Hoy el tiempo es infinito.

OLIMPO

Es una ninfa esculpida por la gracia de Afrodita[20],
una amazona que lidera
infinitas curvas por naturaleza,
una tímida deidad que supera
al más cálido amar que, orgullosa, Hera[21] se sintiera.
Es la proporción perfecta a sus encantos,
un jardín rubí, una danza viva,
una Eurídice[22] de azabaches cabellos
a la que siempre me giraría a contemplar.

Son mis dedos su perdición,
y yo, Eros amante y prisionera de la cárcel
de un solo cuerpo,
no me libero, no puedo, no quiero.
En sus tallos enredada me enjaulo,
la diosa me recibe y me toma bajo sus alambres,
alrededor del éxtasis divino bailamos
y, sin prisa, con mucho amor
lo alcanzamos.

---

[20]   Afrodita: diosa griega del amor carnal, la belleza y el deseo. Madre de Eros.

[21]   Hera: hija de Cronos y Rea, es la esposa y hermana de Zeus en la mitología griega. Diosa del matrimonio, es representada con un cetro y un pavo real.

[22]   Eurídice: ninfa que es atacada por una serpiente que le provoca la muerte. Su amante Orfeo baja hasta el inframundo para recuperarla. Hades y Perséfone acceden bajo una condición: en el viaje de vuelta a la superficie, no puede girarse para comprobar que ella sigue ahí. Desafortunadamente, Orfeo se rinde ante la tentación y su amada le es arrebatada para siempre.

SALIDA

Empujo la puerta con timidez.
Salgo poco a poco de la celda, cautelosa,
como quien pisa con los dedos de los pies
por primera vez la arena de la playa.

Las paredes que antaño me provocaban
sueños espantosos
hoy saben indicarme el camino.
Siempre estuvieron aquí,
conmigo,
sosteniendo
las temblorosas y continuas ruinas.

Yo, atrapada entre estos huecos,
sin entender que tenía la única llave,
la cerradura misma,
apartaba constantemente cualquier ayuda.

Yo, que nací como un árbol,
perdida entre tantos bosques,
atada a las raíces de mi tierra,
es entonces ahora
cuando salgo de la prisión,
que renacen mis hojas,
que brotan todas mis flores.

SED

Se balancea sobre un cuerpo
que se derrite apenas lo toca.
Se desliza, se resbala
en una sola boca.
Como un tiovivo da vueltas
bajo un río sediento de agua,
cuyo fin comienza
en el océano, entre las piernas.
Pierde el control, no lo quiere buscar.
En aquel instante podría fallecer,
y le daría igual: ya está rezándole a Dios.

SUEÑOS

Anoche, mientras dormías en mi pecho,
se me ocurrió, como tantas veces,
escribirte.
No podía hacerlo,
porque tu cabeza se encontraba
acomodada bajo mis brazos.
Pero lo imaginé en mi mente
y ahora te lo reescribo en estos versos.

Ojalá tú, en tus sueños,
imaginaras también nuestro poema.
Quisiera construirlo poco a poco.
Tenemos una vida entera.

TIEMPO

Una mujer desnuda de palabras
me mira fijamente tras el cristal empañado.
Me giro, la veo, la entiendo.
Desnuda de piel y desnuda de alma, la veo.
Me mira, camino,
tomo su mano y la beso.

¿Dónde estuviste todo este tiempo?

Te quise cerca de mis entrañas
cuando la ola me sumergió en el océano
y nadaba desnuda y nívea
por un mar lleno de pirañas.

¿Por qué tardaste tanto en abrazarme, alma?

TERAPIA

He quemado todas las hojas
—mustias— de mi cabeza:
solo he dejado sitio para mí.

TE QUIERO

Conozco tres maravillas infinitas:
acurrucarse en tu pecho,
abrazarte los miedos,
decirte al oído que te quiero.
Acariciarte la mirada,
tocarte en la lejanía,
hacerte mía, muy mía.
Conozco tres paraísos infinitos:
tus ojos del color de mi cielo,
tu risa forjada por el viento,
decirte al oído que te quiero.
Amarte es sinónimo
de contar estrellas en un firmamento
que sentías negro, muy negro.

VERSO

Verso mío,
desnudo frente a frente
por vez primera.
Regalo en tan solo ochenta páginas
la posibilidad de mi existencia.
Vivo para recoger los cristales que suenan
y   romper
de nuevo
el espejo del   yo

Establezco una barrera
entre la prosa del día a día

y el verso que se teje en mi aracnamente,
soy poeta-araña, soy poeta-hilandera.

YO, CONMIGO

He guardado tanto entre mis grietas.
Los versos me están saliendo a borbotones.
He ocultado tanto entre los huesos.
Ahora las palabras
hablan conmigo,
hablan de mí.

Agradecimientos

A Rocío Angulo, mi poeta y musa al mismo tiempo, por darme la fuerza que necesitaba para sacar desde lo más dentro de mí estos versos.

A mis padres, por quererme y apoyarme siempre. Gracias por darme la vida.

A mi hermana, por inculcarme desde pequeña el amor a la literatura.

A mi familia, por saber seguir adelante pese a la adversidad.

A Juan García, por preocuparse siempre por mí.

A Lucía Benítez y Laura Zamorano, mis mejores amigas, a las que debo mis inefables recuerdos de la niñez y adolescencia.

A Rocío Dorado, Javier Angulo y Jesús Angulo, por hacerme sentir en casa.

A Amparo Gómez, que confió en mí desde el primer momento y me abrió las puertas al mundo grecolatino.

A Emma Roma, que ha prologado mi primer libro con todo su amor y cariño.

A la editorial, por la plena confianza en mi obra dándome así la oportunidad de cumplir un sueño.

A toda aquella persona que dedica tiempo de su existencia a leer mis poemas.

Muchísimas gracias, de corazón.

Sobre la autora

Isabel Josefa Jiménez Rodríguez (Sevilla, 2002) estudia el Doble Grado de Filología Clásica e Hispánica en la Universidad de Sevilla. Apasionada de la literatura, lee y escribe poesía con un claro objetivo: denunciar las injusticias y alimentar el amor propio.

Con su primer poemario da un paso en el mundo de las letras con la intención de transmitir ese ímpetu y pasión que siente en cada verso.